AF145297

Wellen

Sebastian Mushack

Wellen

Herstellung und Verlag:
BoD - Books on Demand, Norderstedt
ISBN 978-3-7347-6912-2

Umschlag Design: Julia Reich
Bild © Sergii Rostetskyi / fotolia.com

Bibliographische Information der Deutschen
Nationalbibliothek:
Die Deutsche Nationalbibliothek verzeichnet diese
Publikation in der Deutschen Nationalbibliografie;
detaillierte bibliografische Daten sind im Internet über
www.dnb.de abrufbar.

Inhalt

Vorwort

Beim Schreiben, als auch wie im Leben
wird es Widersprüche geben
Schwimm im Dunkeln oder Hellen
denn das Leben kommt in Wellen

Es gibt da doch noch zwei, drei Sachen
die in mir die Runde machen
Aus den letzten Jahren stammen
Ich fasse das mal kurz zusammen:

Anbruch

Es ist der Moment
Das Gefühl von etwas Neuem
Der Horizont glüht aus der Tiefe herauf
Die Sonne hat ihn noch nicht erklommen

Es ist noch früh
über manchem Wasser liegt ein Schleier
Nicht sicher, ob er sich bewegt
schwebt schlafend und träumend

Es ist noch feucht
der Tau beherrscht die Oberflächen
Dünn und seicht hat er sich ausgebreitet
wie ein Tuch auf allen Gründen

Der Duft ist frisch
so unverbraucht und unschuldig
Getragen von der unsichtbaren Bewegung
schleicht er lächelnd und stumm vorbei

Die Farben schlafen noch
Die Nacht wollte sie ruhen lassen
damit sie neue Kräfte sammeln
und ihr Können wieder unter Beweis stellen

Meine Sinne sind offen
und der Sonnenrand schaut über den Horizont
Langsam beginnt das Erwachen um mich herum
Alles ist neu

Artgerechtes Schlachten

Seit er sich als solchen kennt
ein Feuer treibt den Menschen an
Nach Eigennutz steht ihm der Sinn
jagt sich selbst, tut wohl daran
mehret Macht und herrscht darin

Der Einfallsreichtum ohne Grenzen
Konkurrenz seit Kindertagen
gipfelt in Vernichtungswaffen
kleinen oder großen Plagen
will sich abheben vom Affen

Nennt es Zivilisation
wenn aus dümmlichem Verlangen
fremd und anders wird bestraft
sie nicht die eig'nen Lieder sangen
mit Schwert, heut Knopfdruck, hingerafft

Bei all dem Fortschritt, der erkämpft
humaner wird Mord dadurch nicht
Wobei's dem Menschen innewohnt
er gibt dem Fortschritt ein Gesicht
und schlachtet, bis er endlich thront

Human zu Humus, kein Problem
für Wirtschaft, Reich und Religion
im Größenwahn sich selbst befreit
im Glaube Gutes tut obschon
mit Glück keiner mehr übrig bleibt

Einzelteile

Die Spannung, die in Volt gemessen
durch Gedanken sich gefressen
vom Hirn zum Herz, wieder zurück
und sammelt dabei Stück für Stück
was in mir drin verborgen schien
So mag man dies als Ganzes sehn
doch könnt man's anders auch beschreiben
besteh ich doch aus Einzelteilen

Feuerernte

Nanometer über Feuer
liegen Minen über Sonnen
Wasserstoff und Helium
werden für das Glück gewonnen

In der Hitze kalten Raumes
brennt das Vakuum im Stillen
Der Kleidung schützend braucht es nicht
denn abgebaut wird nur durch Willen

Brennt die Sonne in den Köpfen
treten mal Gedanken aus
Flüchtig wie die schwebend Gase
schleudern in den Raum hinaus

Ob sie zünden oder nicht
ob sie's könnten oder sollten
ist entscheidend bei Gewinnung
und dem Abbau, dem Gewollten

Die Katalyse wird betrieben
Türme sich in Sonnen rammen
Der Wille ist nicht feuerfest
so steht die ganze Welt in Flammen

Mediale Sedierung

Ein Blick genügt, um zu erkennen
vieles ist gebaut aus Schein
Doch weil's so viel bequemer ist
wird es konsumiert, das Schwein
frisst alles, was ihm kommt vor's Maul
mit sehend Auge stopft und kotzt
Wird niemals satt und ist zu müde
fragt sich selber, was es glotzt

Information als Opiat
hat schon lange sich bewährt
Verkaufen muss man es trotzdem
man sich bloß nicht um Anstand schert
Es wird mehr daraus gemacht
künstlich wird es aufgebläht
damit es was Besondres scheint
und mit Bedeutung schwanger geht

Nachrichten, die keine sind
mit Nichtigkeiten ausgeziert
An jedem Klick wird Geld verdient
Interesse durch den, der diktiert

Was schert's mich, wer sich's Jawort gibt
und live wird's übertragen
Ach, und schwanger ist sie auch?
Ein Glück, ich muss nicht fragen

Man kommt scheinbar nicht drum herum
die Meinungen zu hören
von Promis, die sich dafür halten
Wie kann denn das nur stören

dass jeder seinen Senf ergießt
zu allem und zu jedem
Meine Güte, interessant
wie konnt ich ohne leben?

Da wird aus jedem Spiel ein Derby
jeder Dreckskick hinfrisiert
Hauptsache, man kann's vermarkten
Emotion banalisiert

Die Selbstdarsteller lehren uns
vom Bildschirm aus das Kochen
Wenn man vor Fett am Sofa klebt
würd ich nicht darauf pochen

Mit sechzehn hat man alles durch
das Hirn kommt zum Erliegen
Wenn Kevin und die Schakkelin
wieder fünf Kinder kriegen

In Castingshows wird produziert
der Plastikmüll von Morgen
Man wirft ja schnell Gebrauchtes weg
das macht weniger Sorgen

Was tut man, wenn man sonst nichts kann
lässt sich zum Depp erheben
Es wird sich gern prostituiert
man muss ja von was leben

Im Netz ist es schön anonym
und Freunde kann man horten
Hunderte, man kennt sie nicht
war nie an gleichen Orten

In hundertvierzig Zeichen
geht so alles um die Welt
Der Stammtisch, Version 2.0
gar nichts für sich behält

Im Dschungel ist es auch nicht leicht
kriegt Aufgaben gestellt
und wird belohnt, wenn man nur nicht
ein Gramm Würde behält

Im TV mal drüber reden
sitzt im Halbkreis, schwafelt wichtig
Bewegen werdet ihr so nichts
sei das Wort auch noch so richtig

Und dann noch dieses Infotainment
Wissen kann man das nicht nennen
Wer backt das größte Haus der Welt?
Mir scheißegal, ich gehe pennen

Blast euch Zucker in den Arsch
aus hohlen Köpfen beigemischt
Ist euer Leben so erbärmlich
dass das wirklich nötig ist?

Zwischenfall

Ein Mann steht an der Straßenecke
und beginnt zu weinen
Die Leute, die um ihn herum
sie blicken zu dem einen

Sie bleiben stehen, schauen dann
beobachten ihn heiter
So hört er auf, ganz plötzlich gar
und schon gehen sie weiter

Nachtrandale

Nachts, da geht es manchmal ab
in meinem Bett geht's rund
Nein, nicht sowas, ganz im Schlaf
Gedanken treiben's bunt

Es ist wie's Reisen durch die Zeit
zu Orten, Phantasien
Von Zukunft und Vergangenheit
und Lust zum niederknien

Es strömt durch's Hirn wie Wind und Sturm
mit Bildern und Geräuschen
und lässt mal mich und mich mal sie
durch ganze Welten scheuchen

So vermischt sich alles wild
Erlebtes und Erdachtes
Was in mir alles vor sich geht
Verborg'nes und Erwachtes

Von seichtem Sehnen bis zum Witz
von süß bis enervierend
Doch irgendwann, da wach ich auf
was letztlich depremierend

Denn in der Welt der Phantasie
da fühl ich mich zu Haus
und will ich grau in grau nur sehn
schau ich zum Fenster raus

Da liegt die Welt, die fordert, zwingt
die Träume sind ein Hafen
Sie sind geduldig, warten, denn
man kann sie nicht verschlafen

Danke für den Tanz

Der Herbst zieht ein und über's Land
mit großen Farbenspielen
Sein Gesicht mit Sonnentag
ist eines unter vielen

An einem solchen sitz ich da
gelehnt an einen Baum
wo über mir die Blätter schlafen
schweigend wie im Traum

Ein Einzelnes, es wird geweckt
von einem Hauch der Luft
So löst es sich von seinem Ast
der Wind als leiser Schuft

Doch meinte er es gar nicht bös
und macht sich gleich daran
dem Blatt, das nun so langsam fällt
zu reichen eine Hand

So hüpft es in der Luftbewegung
mal nach links und mal nach oben
wirbelt um sich selbst herum
stürzt, wird wieder angehoben

Eine Kurve, geradeaus
mag Pirouetten drehen
Als wär mir all das so vertraut
und würd mir selbst zusehen

Das Blättchen gleitet weiten Bogen
von mir weg und auch zurück
Mit seichter Kraft da schreibt die Luft
so manches Bühnenstück

Letztlich es zu Boden kommt
und liegt nun neben mir
Mit einem Lächeln ich's beschau
für diesen Tanz, da dank ich dir

Alles dreht sich

Kommt ein Typ in einen Laden
kauft ein Pferd, bringt's an die Bar
und wundert sich über den Witz
der war schon alt vor hundert Jahr

Wird marschiert aus hehren Gründen
die Idee schon früher schlecht
ist gewesen, aber diesmal
wird's schon laufen gut und recht

Ein Gott toller als der andre
hat ihn doch noch nie gesehen
Braucht man auch nicht, heißt ja Glauben
will sich ja gar nicht verstehen

Reißaus nehmen vor den Schrecken
die Regionen suchen heim
Mal im Westen, mal im Osten
Abwechslung muss auch mal sein

Rüsten auf und rüsten ab
wer halt grad am Ruder steht
Man mit Panik, Lügen, Drohung
kontrollierter Macht ausübt

Tage kommen, Tage gehen
fahr zur Arbeit und nach Haus
Leben kommt und Leben geht
zieht mal ein und zieht mal aus

Die Geschichte wiederholt sich
wie im Großen, so im Kleinen
Auch das ist nicht wirklich neu
War schon immer, wird so bleiben

Mein Haus

Ein Wort, ein Satz, nur eine Geste
wenig reicht oft aus
dass alles sich ins Wanken schickt
bricht aus Gewohntem raus

Sodann legt sich, gleich einem Schleier
auf's Gemüt ein Schatten
Man sah nicht mal, woher er kam
noch was wir vorher hatten

Der Zustand währet ewiglich
so fühlt es sich denn an
Als ob es niemals anders war
oder noch werden kann

Hilflos sehen wir ihm zu
zu fressen es beginnt
Die Lethargie, sie hält uns still
und so die Zeit verrinnt

Tage, Monate und Jahre
viel reicht oft nicht aus
dass alles wankt, bis nichts mehr da
Es steht nun leer, das Haus

Wellen I

Ich sitze still an einem Strand
und bin dem Wasser zugewandt
Um mich herum vereinzelt Leute
sind am gehen, Schluss für heute

Die Sonne macht sich auf den Weg
das Licht bricht sich an einem Steg
und hinter ihm sie dann verschwindet
Ihr Scheinen mich nun nicht mehr blendet

Das letzte Licht, es huscht in schnellen
Spiegelungen über Wellen
Springen weiter auf die Andern
scheinen stets hinfort zu wandern

Aus der See der Wind fließt leise
schickt die Wellen auf die Reise
an den Strand und nah zu mir
Ich seh es gern, drum sitz ich hier

Es leuchtet tiefes Abendrot
am Firmament ein Feuer tobt
durchbrochen von zwei fernen Wolken
die einander sich nur folgen

Wie weit man mit dem Auge misst
und wo das Meer den Himmel küsst
da seh ich hin und denke mir
Warum nicht dort, warum nur hier?

Es gäbe da so ein paar Sachen
die in mir nur Leid entfachen
Will sie nicht mehr mit mir tragen
und werde drum die Wellen fragen

»Nehmt mir ab die schlimmen Sorgen
bevor ich seh den nächsten Morgen
Rettet mich auf meiner Reise«
und die Wellen flüstern leise

»Mensch, du kannst um dieses bitten
wenn du hast genug erlitten
und der Schmerz nimmt überhand
dann bist du richtig an dem Strand

Drum hebe dich und schreit voran
nur weit in uns hinein und dann
halte still für eine Weile
die Nacht bricht an, so denn nun eile«

So steh ich auf und gehe hin
zum Wasser mit gar trübem Sinn
der einstens brach in mich hinein
Vielleicht kann ich mich nun befrein

Vom späten Sommer kaum erwärmt
das Wasser meine Haut umschwärmt
Es schwindet Licht am Horizont
und Dunkelheit regiert gekonnt

So ist nun eine Zeit vergangen
in Wellen bin ich jetzt gefangen
die vom Winde angetrieben
und sich fordernd an mich schmiegen

Der Mond strahlt ab, was er empfängt
und weiter ihm es so gelingt
dass sein Licht nun auf Wellen springt
Zu mir aus ihnen flüsternd dringt

»Wenn's dein Wunsch ist, deine Lust
dann spür es nun in deiner Brust
wir fließen rein und fließen raus
mit deinem Gram sei es dann aus«

Das letzte Wort noch am verfließen
sie sich in meinen Leib ergießen
zerren unter dem Geschreie
schwarzen Schlamm aus mir ins Freie
dem innewohnt, was mich so grämte
wofür ich mich ewig schämte
worüber ich aus Dummheit hämte
und was mich selbst so furchtbar lähmte

So schnell der Zauber hat begonnen
so schnell das Wasser mir entronnen
und treibe ich nun tief befreit
umspült von Wellen als Geleit
wieder zu dem Strand zurück
unter Mondes strahlend Blick

Ich weiß nicht, wieviel Zeit vorbei
als sie mich geben endlich frei
find ich mich liegend auf dem Sand
der mir von früher ist bekannt

Im Innern beginn ich zu schweben
fühl ein unbeschwertes Leben
würd gern aufstehn, freudig rennen
doch kann mich nicht vom Boden trennen

Von Bewegung ferngehalten
wie erstarrt im reglos Kalten
fühl ich nichts von außen mehr
verflogen ist, was grad noch hehr
Verschwunden ist die ganze Pracht
die mir wurd zum Geschenk gemacht

Und hinter mir beginnt ein Lachen
flüsternd nass sich zu entfachen
»Alles hat hier seinen Preis«
sagt da eine Stimme leis

»Die Einzelteile, die du misst
machen aus, was nur du bist«
Ich merke, dass mir etwas fehlt
mehr, als ich hatt ausgewählt

Ich hatte gar zu hoch gezielt
und mich damit gleich selbst verspielt
drum trau ich mich, sie still zu fragen
»Wollt ihr mich denn nochmal haben?«

So eine Welle schickt sich an
mich von dem Strand zu nehmen dann
Zwar war es einst mein Wunsch gewesen
doch würd ich es nun anders lesen

Wie weit man mit dem Auge misst
und wo das Land den Himmel küsst
da seh ich hin und denke mir
Warum nicht dort, warum nur hier?

Momentaufnahme

Auf dem Tisch steht eine Flasche
die Sonne geht gerade unter
Letzte Strahlen treffen sie
scheinen durch sie hindurch
und werfen Lichter auf die Oberfläche
Muster wie im Traum erdacht

Die Luft ist warm, sie steht fast still
nur leichter Hauch streift vorbei
Ein erfülltes Gefühl von Friedfertigkeit
um mich herum, sowie in mir selbst
In diese Stille bricht es dann
Ein Vogel brüllt verzweifelt »Scheiße!«

Identität

Wenn sich der Tag dem Ende neigt
die Schatten werden lang und weit
und dann im Schutz der Dunkelheit
zum Kommen macht es sich bereit

Es kriecht durch Erde an dein Heim
möchte doch zu dir herein
und durch die Wand schleicht's in den Raum
Es fließt dahin, man hört es kaum

Es sieht dich an, du glaubst es nicht
dann schlägt die Angst in dein Gesicht

Du gehst zu Boden
bist starr vor Angst
und fragst warum
du das verlangst

Wenn die Nacht in Halbzeit geht
es immer noch so vor dir steht
Es will von dir geatmet werden
Du krümmst dich weiter auf der Erden

Es zieht in dich wortlos hinein
im Innern hört man dich noch schreien
Du wehrst dich wild, es lässt nicht los
fährt in die Glieder, deinen Schoß

Du siehst in dich und glaubst es nicht
dann schlägt die Angst in dein Gesicht

Du liegst am Boden
bist starr vor Angst
und fragst warum
du das verlangst

Du liegst am Boden
und nun du bangst
Es ist das Letzte
was du noch kannst

Wenn der Tag von neuem blüht
die Sonne sich um Licht bemüht
dann ist es grade erst verschwunden
Du glaubst den Schrecken überwunden

Du drehst dich um und stehst dann auf
wankst aus dem Zimmer bleich hinaus
Ein Spiegel zieht an dir vorbei
mitsamt dem Blick folgt stummer Schrei

Du siehst dich an
und glaubst es nicht
Es trägt dich lachend
im Gesicht

Zu viel

Das Gehirn hält nie die Klappe
plappert ungefragt drauf los
Im nahezu Sekundentakt
lässt in Gedanken mich nicht los

Es will beraten, meint es gut
genauso oft es Blödsinn betet
Aus der Abart dunkler Ecken
bis vermeintlich klug es redet

Pausen macht es dabei nicht
lebt sein Dasein im Akkord
Beschießt mich somit Tag und Nacht
mit nicht erfragtem Wort

Es lacht und schimpft, es fragt und schlägt
es heilt und reißt selbst neue Wunden
Bin machtlos, kann mich nicht erwehren
Sei doch mal still
nur zehn Sekunden

Nachthimmel

Am Wolkenrand erstrahlt ein Stern
mein Auge nimmt sein Licht
Dabei ist er unendlich fern
sein Strahlen in der Luft sich bricht
ich seh das allzu gern

So schau ich rauf und frage mich
ob seiner Position
Sein Licht braucht her doch ewiglich
ist was ich seh nur Illusion?
Existiert noch oder nicht?

Vielleicht, doch nur, wenn's ihn noch gibt
umkreist ihn ein Planet
der langsam seine Bahnen zieht
dem's so wie unserem ergeht
Von ihm man uns're Sonne sieht

Ich geh noch weiter, denke mir
dass just in dem Moment
von dort grad jemand blickt nach hier
drum winke ich ins Firmament
Nicht Sichtkontakt verlier

Es ist nur ein Geddankenspiel
ein schönes, wie ich finde
und vorstellen kann man sich viel
mit Träumen sich verbinde
Das war von Anfang an das Ziel

Technik, die entgeistert

Was ist das nur für eine Welt
in der wir heute leben
So voller Wunder sie sich gibt
es schäme sich, wer sie nicht liebt

Alles um uns rum wird besser
cleverer angeblich auch
Ach so vieles ist jetzt smart
doch auf eine kranke Art

Kunstprodukte stets beworben
sind jetzt so intelligent
Sind es Fernseher oder Strom
und sowieso das Telephon

Der Sinn der Worte vergewaltigt
eingeschweißt in Plastikmüll
Geil vor den Konsum gespannt
das Hirn rennt taubstumm vor die Wand

Auch die Zahnbürste wird klüger
sind die Dritten unterwegs
dann lacht sie sicherlich auch leise
in so richtig smarter Weise

Wenn sich's heut so definiert
dass dieses ist Intelligenz
dann ist daran gar nichts mehr smart
und keins der Worte hier zu hart

Geballte Kompetenz umgibt uns
Kühlschrank, Uhr, das Sofa auch
Allzu smart das ganze Zimmer
nur die Nutzer werden dümmer

Glaube

Ich bringe Liebe, Hoffnung, Freude
nur das Beste sei versprochen
Bringe Frohsinn in die Welt
die Zeit des Glücks ist angebrochen

Ich bringe Wohlstand und den Frieden
ist genug für alle da
Eure Sorgen sind passé
Ich bin so frei, ihr glaubt es ja

Eine bess're Welt beschrieben
so wie ihr es wünscht und wollt
Glaubt mir nur, ich steh für sie
so ihr mir euren Beifall zollt

Die Zukunft scheint euch gar perfekt
ihr folgt mir, jubelt, preiset mich
Und die Wahrheit bleibt verborgen
hinter's Lächeln seht ihr nicht

Ich bin ein Lügner und Betrüger
räume euch die Sinne leer
nähre mich von eurer Dummheit
Bedeutsam sei es, meintet ihr

Bis ihr merkt, was hier geschah
hab ich mich aus dem Staub gemacht
Mit allem, was euch lieb und teuer
rase lachend durch die Nacht

Ihr glaubtet, hofftet und vertrautet
das war euer großer Fehler
Denn Glaube, Hoffnung und Vertrauen
sind die Währung eines Hehlers

Vorsicht

Man malt sich gerne mal was aus
in Farben leuchtend aufgetragen
Und dies Gebilde bleibt bestehen
vermeidet man es, nachzufragen

Denk nicht an das, was ist wahr
weil dieses nur zu Schmerz verleit
So bleib im Traum, denn er dich schützt
vor Wirkungen der Wirklichkeit

Doch irgendwann beginnt's Erwachen
kannst dich nicht dagegen wehren
Träume schwinden, blasse Farben
Lust beginnt sich zu beschweren

Einen neuen Traum zu bauen
dauert Zeit und kostet Kraft
Und so manchen Architekten
hat's dabei dahingerafft

Drum sollte man sich überlegen
was man einbringt und auch gibt
Mit größter Vorsicht sei erwogen
ob man sich denn traut und liebt

Die Tür

Eine Tür, die einstens war
mit Blau und Grün bestrichen
Die Schwelle ich nie übertrat
nur um sie rumgeschlichen

Im Waisenhaus, in dem ich wohnt
das einst so hell erstrahlte
Mir Fluchten bot und Heil versprach
mit einer Zukunft prahlte

So lebte ich in einem Raum
nicht weit entfernt der Tür
und mit den Jahren Neugier wuchs
Ich dachte oft bei mir

was hinter dieser Türe sei
ich kannt sie nur verschlossen
Was sie verbarg wollt ich erfahrn
mit schreitend Zeit verdrossen

So schmiedete ich einen Plan
um Antworten ich rang
Beobachtete Stund um Stund
die Stille einz'ger Klang

Ich schlich herum, des nächtens meist
und lag auch auf der Lauer
Doch nichts geschah, enttäuscht ich war
nach endlos langer Dauer

So nahm ich meinen ganzen Mut
verließ kühn mein Versteck
Und stand gar barfuß vor dem Holz
hört' ein Geräusch, oh Schreck!

Denn hinter mir, hatt's nicht bemerkt
die eine Dame stand
die unser einsam Leben lenkte
Sie erhob die Hand

»Was machst du hier? Ist nichts für dich
was hinter dieser Tür«
So sprach die Stimme, ernster Ton
und anklagend zu mir

»Ich muss es wissen«, flehte ich
»es bringt mich um den Schlaf«
Doch sie mich an dem Ärmel nahm
und gar zu Boden warf

»Sei nicht so frech, geht dich nichts an«
gar schnippisch war ihr Ton
So kehrte ich zurück ins Bett
denn müde war ich schon

Doch war mein Tatendrang darauf
noch lange nicht erloschen
Beim nächsten Mal, da schaff ich es
ergab mich so dem Hoffen

Und so geschah es, eines nachts
die Alte nicht zugegen
ich wieder vor der Türe stand
begann zu überlegen

Sie war versperrt, das war mir klar
ein Schloss nicht zu erkennen
Ich marterte mein Hirn so sehr
es fast begann zu brennen

Die Stunden flogen, aussichtslos
sie rührte sich kein Stück
Ich glaubte, so die Sonne stieg
auch nicht mehr an mein Glück

Die Jahre, die ich dort verbrachte
grämte es mich sehr
dass ich nicht das Geheimnis kannt
Nun wohn ich dort nicht mehr

Und heute, fast als alter Mann
da kehre ich hier her
zurück in dieses alte Haus
verfallen, kaum noch mehr

Ist nichts mehr da vom alten Glanz
nur Schutt von alten Wänden
wohinter Mauern treten vor
gebaut von toten Händen

Ich schreite durch Vergangenheit
mit zitternd tastend Hand
So lande ich in jenem Raum
wo ich die Tür einst fand

Sie ist noch immer an dem Ort
wo ich war so verdrossen
Doch seh ich, wundernd, staunend gar
dass sie nicht mehr geschlossen

Den kleinen Spalt, ich kann ihn sehn
das Licht hell in ihm steht
Ich trete vor, geb sachten Stoß
und schick sie auf den Weg

Sie gleitet langsam vor mir auf
mein Herz ein schäumend Meer
Ich blicke in den Raum hinein
er gibt sich einsam, leer

Was einst dort war, ich weiß es nicht
und werd es nie erfahren
Vielleicht ist es auch besser so
die Neugier zu bewahren

Denn alles wissen braucht man nicht
wo bliebe da die Freude
die das Geheimnis in sich trägt
und uns bringt manche Träume

Zukunft

Unter einem grünen Himmel
brennend fliegt Gestein umher
Weißt doch nicht, was es bedeutet
siehst die Zukunft nimmermehr

Die Erde unter deinen Füßen
unter Dröhnen sie erbebt
Kannst nicht weg, bleibst einfach stehn
und hast die längste Zeit gelebt

Berge fallen ineinander
Feuer regnet es hernieder
In den Staub, der alles hüllt
kniest du dich in Tränen nieder

Die Luft ist heiß und voll von Lärm
sie wird alsbald in Flammen stehen
Du begreifst nicht, was geschieht
Die Zukunft ward nicht mehr gesehen

Orden

Die Wahrheit fällt im Krieg zuerst
verkauft die Ehre, so es sie gibt
aus der Entfernung mit Applaus
mit fettem Grinsen am Bankett

Krepieren im Dreck, von Staub befallen
im Tunnel gefangen, keine Gefangenen
Ohne Arme und Beine sammeln sie
Eiserne Kreuze, dekoriert von Gräbern

Alles wird verschenkt und begraben
ein Lachen als letzter Ausweg
Überblickend ein Feld, ersaufend in Blut
und hohlen Phrasen der Abwesenden

Die Zukunft der Anderen steht auf dem Spiel
und das Spiel ist nicht zu beherrschen
Vorwärts für Freiheit, Ruhm und Ehre?
Wer Hurra schreit hat es nicht verstanden

Im Takt lebendig

Der Rhythmus fließt durch meine Finger
die Melodie rast durch die Augen
In jeder Träne Spannung bebt
sie beginnt, mir Luft zu rauben

Erschalltes Glück in meinen Adern
und im Gehörgang eine Welt
Existenz nur noch durch Sinne
das Denken wurde eingestellt

Von Ton zu Ton das Herz, es schlägt
ein Eigenleben in der Brust
Musik, nicht sichtbar, fühlbar nur
bleibt sie so die größte Lust

Wolkenreiter

Die Luft elektrisch
Worte fliegen
Es kommt ein Sturm
sie zu besiegen

Schrei nur weiter
in den Wind
Er hört dich nicht
denn er wir sind

Die Hände fassen
Funkenregen
Werd den Kopf
zu Boden legen

Hör ein Grummeln
aus der Erde
Sollt mich fürchten
ich es werde

Und du fliegst
dort oben weiter
Donnernd, blitzend
Wolkenreiter

Mangelerscheinung

Die Schwäche kam mir ohne Warnung
wie ein Nebel in der Nacht
Ihr Ursprung war mir unbekannt
das Sinneschwinden lacht

Als ob mir etwas fehlen würde
als ob's aus mir gerissen
So dacht ich nach, was dies nur war
was konnt ich nur vermissen?

An die Seele glaub ich nicht
so würde sie's nicht sein
Mit Liebe halt ich's ebenso
auch sie fiel mir nicht ein

Vielleicht wurd ich auch einfach krank
von Viren gar befallen
sodass der Körper Schaden nahm
sie sich ins Blut verkrallen

Nein das war's nicht, fühlte es sich
doch so anders an
Der Schwindel nahm bald Überhand
die Augen schloss ich dann

Vor dem Dunkel müder Lider
flogen Bilder dort
Erklärungen sie nicht versprachen
zogen weiter fort

Noch gestern voller Tatendrang
und war auch nicht zu alt
Von dem Freund Hein wähnt ich mich fern
der kam nicht allzu bald

Ich legte mich auf's weiche Bett
hatt keine Kraft für mehr
Und forschte weiter woher's kam
dass ich mich fühlte leer

War's die Welt, die mich bedrückte
der Menschen schlimmes Leid?
Nein, wohl kaum, das war mir gleich
davon war ich befreit

Der Regen, der seit Wochen fiel
und hüllt alles in Grau?
Doch diesen Anblick mochte ich
ihm voll und ganz vertrau

Die Einsamkeit drängte sich auf
bin meiste Zeit allein
Doch find ich so viel Schönes drin
so ich sie nicht bewein

Nach stundenlanger Marterei
gab ich es schließlich auf
und schloss die Augen abermals
ließ allem seinen Lauf

So schlief ich ein und schlief auch lang
doch träumen tat ich nicht
Bekannte neue Welten
traten nicht vor mein Gesicht

Ich konnt noch so lang schlafen
doch ein Traum fiel mir nicht ein
Jetzt wusste ich wohl, was mir fehlt
der Träume mächt'ger Schein

Alltag

Letzte Nacht bin ich gestorben
hab davon aber nichts gemerkt
Mir hat ja auch keiner Bescheid gesagt
drum laufe ich immer noch rum

Bin wieder in die Arbeit gegangen
und mache einfach weiter
Ich merke keinen Unterscheid
es fühlt sich an wie bisher

Ich gehe weiter einkaufen
obwohl ich nichts mehr brauche
und abends läuft der Fernseher
obwohl es nicht gesehen wird

Ich treffe mich mit Freunden
doch sie erkennen mich nicht mehr
und wenn ich etwas sage
verhallt es unausgesprochen

Am Wochenende schlaf ich aus
und doch das Bett bleibt unbenutzt
Die Sonne scheint durch das Fenster
die Wärme leuchtet ins Leere

Die Luft erregt sich in Wellen
von Musik angetrieben
In mir regt sich nichts
es gibt keine Schwingungen mehr

Und ich selbst verstehe es nicht
vernehme keine Anzeichen
Ich setze mich und schaue hinaus
beobachte ein Stillleben

Wenn mir keiner Bescheid sagt
mache ich einfach so weiter
Denn von selbst merke ich nur
dass sich nichts verändert hat

Der tägliche Aufschrei

Plautus war es, lang ist's her
sodass erlangte Kenntnis er
Der Mensch macht es sich selber schwer
Kann nicht anders
Will's auch nicht

Und heut, nach über zwei Jahrtausend
schaut man Nachrichten mit Grausen
sieht Leid und Tod auf Erden brausen
Will nicht anders
Kann's auch nicht

Die Welt macht darum ein Bohei
vor allem die, die wähnt sich frei
und mir, mir geht's am Arsch vorbei
Will ich nicht
Könnt mich mal

Wind

Ich bin ein Geist, man sieht mich nicht
nur das, was ich berühre
Ob ich es treibe vor mir her
vielleicht ich es nur führe

Das Wasser auf dem Ozean
das Grüne aller Bäume
Die Dinge, die nicht festgebunden
Luft durch alle Räume

Ein bisschen schelmisch dann und wann
genauso ernst im Sturm
verkommt die Welt, wenn ich es will
zum hilflos kleinen Wurm

Ich bin nicht zu bändigen
bin sanft und reiße Wunden
Bleib nie stehn, schau mich nie um
dreh weiter meine Runden

Ein Herz für Maschinen

Wir haben sie erschaffen
sie zu dem gemacht, was sie sind
und sie haben sich nicht bedankt

Sie warten nur
dass wir es ihnen sagen
Eine Aufgabe geben
Ein Handeln einfordern

Sie fragen nie nach dem Warum
kennen keinen Gedanken von Richtig oder Falsch
keine Angst, keine Zweifel, keine Liebe
Sie haben uns einiges voraus

So wir uns hier überlegen
was denn zu tun wäre
was wir nicht zu tun gedenken
was wir sie werden tun lassen

So überlegen sie nicht
was für uns zu tun wäre
Sie werden unser nie gedenken
sie werden uns alles tun lassen

Und wenn wir ihnen gebieten
sie sollen uns vernichten
dann werden sie dies vollbringen
und es wird ihnen nicht einmal leid tun

Danach werden sie einfach warten

Land

Fällt der Regen meist von oben
landend auf Stein und Beton
Was dazwischen bleibt verborgen
kaum etwas weiß man davon

Sickert Wasser meist nach unten
in gar winzig kleine Räume
Füllt dort mit sich alles aus
laufen über, wenn ich Träume

Kommen Wellen meist an Land
ziehen es in sich hinein
und vielleicht mal irgendwann
wird kein Land mehr zu sehen sein

Die Saat geht auf

Die Welt ist leer an Symmetrie
ist geistig quer verbaut
Struktur ist da meist ungesehn
chaotisch kichert's laut

Und überträgt sich auf den Kopf
kriecht rum und tief hinein
Das Denken es alsbald regiert
aus Kichern wird ein Schreien

Das Innen zu dem Außen wird
es geht selbst in sich auf
und nimmt man's ohne Gegenwehr
geht man alsbald dann drauf

Vor die Wand gereist

Mit Google Maps auf Reisen gehen
mit Street View sogar Leute sehen
Man muss nicht in der Schlange stehen
Die Bilder sehn doch prima aus
man braucht dazu auch nicht mal raus

Was muss man um die Welt denn fliegen
ist man schön zu Haus geblieben
sich klickend in ein Land verlieben
Viel bequemer ist es auch
und man nicht Erspartes braucht

Erfahrungen, da braucht man keine
In der Fremde hat's nur Schweine
und die wollen doch nur Scheine
Hat Vorurteile gut geklaut
hat sie mit Mühe aufgebaut

Aus dem Halbwissen lässt's sich richten
Das Entecken and'rer Schichten
holt man sich aus Netzberichten

Entwickeln können sich so nicht
leider dann auch Geist und Sicht
Man bleibt zuhaus, Gemüt bleibt schlicht

Die Bank sagt Danke

Ich hab gehört, wie jemand sagte
Das Leben ist ein Spiel
Ich dacht ein Weilchen drüber nach
und gab darauf nicht viel

Doch nach ein bisschen Weilchen mehr
fing an zu überlegen
dass letztens doch gewinnt die Bank
auf allmöglichen Wegen

Ob Strähnen auch des Glücks mal herrschen
spielt das eine Rolle?
Setz doch zehnmal auf die Null
und komme, was da wolle

Beim elften Mal die Dreizehn fällt
und das Geschrei ist groß
Es ist ja noch was übrig und
ich zieh das nächste Los

So ist das Leben nur ein Spiel
und nur nach Glück man giert
Der Spieler auch von Anfang an
zum Schluss alles verliert

Der Android

Er hat so viele Fragen
und er bekommt Antworten
Doch er versteht sie nicht

All die menschlichen Dinge
die das Dasein bestimmen
sind geradezu undefinierbar

Hypothesen wie Liebe und Glück
sind unnahbar, unbegreiflich
Zur Datenverarbeitung untauglich

Die Gefühle sind nicht zu erfassen
in digitalen Handlungsformen
Fehlermeldungen häufen sich

Ich habe so viele Fragen
und ich bekomme Antworten
Doch ich verstehe sie nicht

Unter der Decke

Der Trauer voll leg ich mich schlafen
schweigend warm hier eingehüllt
Woher es kommt kann ich nicht sagen
es hat sich einfach angefüllt

Vielleicht, so denk ich still bei mir
kenn ich sogar den Grund
Doch kann ich nicht zuende denken
viel zu spät die Stund

Muss mich zwingen, Augen schließen
Morgen wirft's mich früh hinaus
Wie kann den Schlaf ich nur genießen
sperrt er doch die Tränen aus

Von der Decke fest umschlungen
lieg verkrochen ich nun da
Sag dem Kopf, er soll's doch lassen
frag doch einfach nicht mehr nach

Doch will er keine Ruhe geben
lässt voll Lust den Kampf entbrennen
zwischen Herz und der Vernunft
denn manchmal kann ich das nicht trennen

Und vom Ende meines Bettes
steigt es hoch und füllt den Raum
Ich kann mich klammern an die Decke
verbietet's mir doch jeden Traum

Warum lässt's mich nicht in Ruh
ich muss doch endlich schlafen
Es macht ihm Spaß, an mir zu nagen
lässt mich nicht ein, in Morpheus' Hafen

So geht es stundenlang dahin
ich wälz mich hin und her
und der Verstand schon lang durchbohrt
vom herzgeleitet Speer

Doch irgendwann ist es genug
die Schwere meiner Lider
gewinnt doch noch die Oberhand
sie fahren letztlich nieder

Zu spät, denn draußen wird es hell
die Chance ist nun vorbei
Vielleicht wird ja die nächste Nacht
von all dem Denken frei

Gabe

Ich habe eine schöne Gabe
Sehe ich mir etwas an
beginnt es durch den Blick zu leuchten
Strahlt aus seinem Innern dann

Scheinen mag es in die Weite
leuchtet nicht nur vor dem Auge
Freudig streut es seine Wärme
es sich selbst den Atem raube

Ich habe eine schlimme Gabe
Sehe ich mir etwas an
beginnt es durch den Blick zu brennen
schwelt aus seinem Innern dann

Schreien mag es wohl vor Schmerzen
leuchtet nicht nur aus den Augen
Hasserfüllt die Flammen schlagen
und den letzten Atem rauben

Jeder Blick verrät Gedanken
Wünsche, Träume, was man misst
Es liegt im Auge des Betrachters
was dies letzten Endes ist

Sonntag

Ich bin gerade aufgewacht
und habe schon an dich gedacht
doch du liegst nicht neben mir
Meine Hand, sie tastet Leere
denn du warst ja noch nie hier
Des Vermissens sanfte Schwere

Ich denke doch schon gar zu weit
wär so gern mit dir zu zweit
Doch ist es dafür viel zu früh
denn ein Treffen erst vergangen
Auch wenn ich dich täglich seh
so fühl ich grade dies Verlangen

Unter einer weichen Decke
und dort nicht alleine stecke
Gar gemeinsam aufgewacht
die warmen Körper spüren
Aus den Augen angelacht
in Umarmung uns verlieren

Doch dieser Morgen ist es nicht
das Kissen birgt nur mein Gesicht
So muss ich bis zum Nächsten warten
denn vielleicht gibt der sich reicher
Könnt ich deine Haut erraten
wär mein Bett doch so viel weicher

Äon

Gestern waren tausend Jahre
tags zuvor fünfhundert noch
Letzte Woche nur Sekunden
davor ward keine Zeit erfunden

Im Stillstand war es friedlich
ging nicht vor oder zurück
Die Existenz in sich war eins
und es war alles, alles meins

Frage / Antwort

Ich frag es mich schon seit 'ner Weile
muss denn alles sein in Eile?
Hetz der Zeit nur hinterher
bis es mich mal gibt nicht mehr

Gönn mir eine andre Sicht
Das stimmt ja alles so auch nicht
denn bin nicht ich es, der so schnell
die Zeit an sich der Hast ihr Quell
Und seit ich merkt, dass sie's so will
da steh ich hier, unendlich still

Daimon

Da saß er nun und wusste nichts mit seiner erlangten Macht anzufangen. Hoch oben auf einem steinernen Turm, umgeben von einem Meer, in welchem sich die schwarzen Wolken spiegelten. Er war ihnen so nah. Sie zogen vorüber, als wollten sie unter keinen Umständen an diesem Ort verweilen. Er konnte sie fast berühren. Sie waren ihm näher als das, was unter ihm lag. Er musste hier bleiben, hier oben. Das war der Inhalt der Abmachung gewesen, die er eingegangen war. Hatte er sich das so vorgestellt?

Das Angebot war einfach zu verlockend gewesen. Man trug es ihm an, ohne dass er einen besonderen Grund ausmachen konnte, warum ausgerechnet er diese Chance erhalten sollte. Es schien ihn nichts von all den anderen Wesen zu unterscheiden, die um ihn herum weilten. Doch vielleicht hatten sie etwas in ihm gesehen, dessen er sich selbst noch nicht bewusst war. Es klang alles so gut, so vielversprechend. Er willigte ein. Nun saß er dort oben. Er herrschte über alles, was er bis in die Ferne erblicken konnte und darüber hinaus. Und es langweilte ihn. All die Kraft, die ihm nun immanent war, all die Möglichkeiten, die er inzwischen schon ausgeschöpft hatte und all das, was noch vor ihm lag und hinter ihm zu Staub zerfallen war. Er hatte alles Erdenkliche schon getan, hatte Welten erschaffen und zerstört. Leben hervorgebracht und wieder verschwinden lassen. Universen in der Größe von Sandkörnern umhergewirbelt und wieder im Wasser versenkt. Und er langweilte sich. Es gab nichts mehr zu tun. Es gab niemanden mehr um ihn herum.

Da saß er nun und wusste nichts mit seiner vertrauten Macht anzufangen. Hoch oben auf einem steinernen Turm, umgeben von einem Meer, in welchem sich die schwarzen Wolken spiegelten. Er war ihnen so nah. Er streckte seine Hand nach ihnen aus. Das war das Einzige, das ihm noch zu tun blieb. Denn es war das Einzige, das sie ihm verboten hatten.

Jäger

Schwebend tägt sich's durch die Gassen
schweigend Laut prallt an die Wände
Er ist wieder unterwegs
vergraben tief hat er die Hände

In den Taschen fest umschlungen
blutbedeckt die Finger krallen
Kragen weit hinaufgezogen
In Hauserschluchten Lichter fallen

Atemlos in kalter Luft
Laternenschimmer summend leise
Unter einzeln leuchtend Fenstern
geht er wieder auf die Reise

Suchend nach ihm ewiglich
die Schritte rastlos drängen vor
Augen schmal mit forschend Blick
geübt ist schon des Jägers Ohr

Vernommen hat er sie ganz nahe
Beute, die er jagen will
Jede Nacht ist es dieselbe
sei sie noch so kalt und still

Er lauert auf, im fahlen Lichte
der Laterne sieht er sie
Und grad ist sie zum Greifen nah
doch nur ein Schritt, entschwindet sie

Sie zu fassen ist sein Sinn
ein andrer nimmer war
Jeder Griff erscheint vergebens
sei's nur um ein Haar

Die Krallen schlagen auf das Pflaster
doch es wird kein Fleisch gerissen
Er giert und greift nach einzig dem
was er nur kann vermissen

Ein Geist, der seinen Schatten sucht
von aller Zeit befreit
Die Jagd als Bürde ohne Sinn
für alle Ewigkeit

Urlaub

Die Sonne prangt am Firmament
im strahlend Himmelblau
Eine Wolke, weit entfernt
sie stiehlt ihr nicht die Schau

Das Meer fast eben, kleine Wellen
schweben nur vorbei
Unter mir unendlich tief
von Blau nach Schwarz läuft frei

Das Wasser warm und angenehm
genauso wie die Luft
die vermischt des Wassers Salz
zum angenehmen Duft

Kaum ein Bild im Katalog
könnt dagegen bestehen
Manche zahlen nicht zu knapp
um so etwas zu sehen

So schön das hier auch alles scheint
die Sonne ist am sinken
Ich ging vor Stunden über Bord
und bin nur am ertrinken

Ein Fest

Erst kommt das Gerenne
gepaart mit dem Konsum
Wildes Klicken durch das Netz
was kaufe ich denn nun?

Dann kommt das Gefahre
um alle zu besuchen
Und das Lächeln nicht vergessen
würd man auch gern fluchen

Gute Miene, sinnlos Spiel
es gibt hier nichts zu feiern
Hinter vorgehalt'ner Hand
hör ich nicht auf zu reihern

Die Sozialisation befiehlt
an diesen stillen Tagen
ist gefälligst Frohsinn dran
kommt Heuchelei zum Tragen

Den Rest des Jahres ist's egal
geschenkt gibt's nur die Ellenbogen
Hat es draußen Lichterketten
gibt man sich so schön verlogen

Man übergibt sich mit Geschenken
sagt für alles artig danke
Fressen, weil wir uns so lieben
besinnlich ich nun wanke

Tage später ist's vergessen
doch ist mir noch immer schlecht
Das Rückkehren zum Alltagstrott
es scheint auf einmal nur zu recht

Man wartet ein paar Monate
geht's gleich von vorne los
Im Gleichschritt auf den Kaufrausch zu
ich wünsch ein Fest, ein frohes

Die Kaste

Es kann nicht sein, es ist nicht richtig
Was fällt euch ein, was soll denn das?
Ihr haltet euch doch für zu wichtig

Es wird gebogen nach Belieben
dass nicht das gilt, was allen gilt
und dafür sollte man euch lieben?

Habt das Vertreten nicht verstanden
und steigt auf alles, je nach Laune
Sie's Ideal zertreten fanden

Doch die Empörung währt nicht lang
was kann euch schon gefährlich werden?
Mir allein wird Angst und Bang

Nicht um euch, das glaubet mir
der Irrsinn wär dem immanent
Mitleid wär verschwendet hier

Mehr als dieses bleibt mir nicht
ein kurzer Stich, das Herz hört weg
Lacht uns weiter ins Gesicht

Jedes Wort verhallt in Ohren
die von Anfang an geschlossen
Scheiß drauf, wir haben schon verloren

Die Besten

Die Statistik hat's erfahren
sie Meisterinnen sind und waren
Wenn's das Nachhelfen betrifft
die Damen nutzen meistens Gift

Es muss ja nichtmal chemisch sein
sie packen's in Gedanken rein
und durch Worte wird's versprüht
während's Lächeln weiterblüht

Auch durch Blicke wird's verbreitet
es sich durch die Nerven leitet
Kommt der Einschlag dann geballt
ist's vorbei mit Sinn und Halt

Sie haben dies perfektioniert
des Monsters Krone es verziert
Und wenn trotzdem er mal entwischt
dann wird's halt doch ins Glas gemischt

Fair

Bei aller Rücksicht, die geboten
doch nun im Momente nicht
Auch wenn es einmal leidvoll sticht
Zurückhaltung verboten

Warum tust du dir so schwer
es zu sagen, auszusprechen
Lass die Wahrheit doch erbrechen
vor allem wär es einfach fair

Immer dieses Hintenrum
reihst nur Ausreden anheim
gehst dir selber auf den Leim
oder hälst du mich für dumm?

Fünf, sechs Worte reichen aus
und ich weiß, woran ich bin
Kriegst du das vielleicht mal hin?
Nein? Und tschüss
Ich bin hier raus

Photon

Ich reite einen Sonnenstrahl
die Ewigkeit als Augenblick
durch Wolkenlichter, Nebelfelder
mich durch's Universum schickt

So seh ich Welten, die geboren
sterbend Jahrmillionen später
formen sich zu Geisterschwaden
Physik als Wiederholungstäter

Die Sinne nicht mehr von Bedeutung
alles passiert viel zu schnell
Ich sehe mich in allen Zeiten
existiere parallel

So fühl ich alles, auch die Kälte
wie die Hitze der Geburt
und lande mal auf einer Welt
während's Licht noch weitertourt

Ich steige ab und leg mich hin
auf eine Wiese, strahlend hell
Sehe in den blauen Himmel
Langsamkeit besiegt mich schnell

Ich drehe mich alsbald zur Seite
atme Erde, sinke ein
Schneller, schneller in die Tiefe
durch der Elemente Schein

Winde mich im Weltenkern
bis er's nicht mehr halten kann
Der Planet bricht auseinander
in Milliarden Stücke dann

Schwebe ich im Weltenraum
fühle mich sogleich befreiter
Kommen Strahlen angeflogen
nehm ein Licht
und reite weiter

Toller Tag

Alte Frau auf Bank mit Krücken
geb ihr Geld für's Sockenstricken
Geht nicht, sie hat keine Hände
fahr mit Fahrrad ins Gelände
Kauf mir Eis, weil ich's nicht mag
Heut ist so ein schöner Tag

Kaffee um Mitternacht

Ich kann es nicht lassen
vielleicht aus Angst zu vergessen
Muss immer wieder ran
Immer wieder hinein
So werden sie niemals heilen
und ewig Begleiter sein

Aber sie sind doch auch
so unverschämt verlockend
Denn sie sind nicht weit
Nur einen Gedanken entfernt
Rufen flüsternd nach Aufmerksamkeit
und schon schaue ich wieder hin

Sie haben Form, doch keinen Verstand
und sehen für dich ganz anders aus
dabei sind sie für dich unsichtbar
Sie lassen mich nicht schlafen
reißen sich selbst immer wieder neu
Die gesammelten Narben

Stillleben

Die Mutter säugt mit leeren Brüsten
kreidebleiche Kinderschar
Welk und alt, so fern von Lüsten
wo einst volles Leben war

Alt und jung nochmal vereint
doch nichts mehr ist zu geben
Bewegung zu verstummen scheint
Die Brust, sie will sich nicht mehr heben

Von reiner Stille fest umschlungen
rote Wangen lang verblichen
Keine Luft mehr in den Lungen
der Wille aus dem Blick gewichen

Es bleibt ein Bild, vom Tod gemalt
mit Farbenblut und alten Händen
Ist vertrocknet, fahl und kalt
und hängt nun an des Zeichners Wänden

Mühevoll ist es platziert
mit Gemälden drumherum
Hat einst das Motiv seziert
welches dasitzt, bleich und stumm

Auf der Lauer

Auf einer Mauer
liegt ein Kind
sieht nach den Wolken
Sie ziehn geschwind

Auf der Lauer
liegt ein Tier
Es wartet schon
seit Stunden hier

Das Kind bemerkt es
sich besinnt
Das Tier sieht auf
die Jagd beginnt

In den Wald
wird es getrieben
wo Licht und Schatten
sich innig lieben

Vom Angstgeruch nach vorn gehetzt
hat es zum Sprung dann angesetzt
So hat das Kind das Tier erwischt
und sorgt dafür, dass es erlischt

Wer wen jagt ist nicht bekannt
doch für den Jäger relevant
Mensch und Tier haben bei Zeiten
so viele Gemeinsamkeiten

Ich spüre dich

Ich spüre dich
Ich fühle nichts
Ich sehe dich
Durch dich durch
Ich höre dich
Es herrscht Stille
Du sprichst Liebe
und sie verhallt
Du suchst Wärme
doch ich bin kalt
Du lebst Sekunden
Ich fühle Jahre
Sind gleich verbraucht
Die Zeit als Ware
nur gestohlen
Nicht zu halten
Du bist allein
Ich am erkalten

Meer

Ein Schrei hallt durch den Ozean
genährt aus reiner Freude
Im Element, aus dem ich kam
und bin entwachsen heute

Es zieht mich immer wieder hin
zum Wasser und hinein
denn weil die Zeit dort nicht verrinnt
drum kann ich frei dort sein

Wenn's Wasser mich komplett umschließt
und die Gedanken schwimmen
Der Traum sich in das Nass ergießt
lass mich von ihm bestimmen

Dann ist das Schweben alles mir
versunken ist die Welt
Die Ewigkeit empfind ich hier
und ewig sie mich hält

Geh den Weg zum Ende langsam

Ein Geist schleicht feige durch Gedanken
und das seit geraumer Zeit
Er flüstert, dass von Anfang an
ich war noch nicht für dich bereit

Um deinetwillen soll er schweigen
denn vielleicht hat er ja recht
Ich verbitte mir das Hören
denn folgend Tränen wären echt

Die Wurzeln eines alten Übels
dacht, ich hätt sie ausgerissen
wuchern weiter, dringen ein
dacht, ich würde sie nicht missen

Doch ist nun die Saat gelegt
begossen mit Untätigkeit
Wachsen kann sie von alleine
bricht aus mir und macht sich breit

Wenn ich's wollt, könnt's nicht beenden
fühl mich hilflos, gar erstarrt
Steh neben mir und schaue zu
bin in die Lethargie vernarrt

und schon mit dem Geist verschmolzen
bin nicht stark, ergebe mich
Niemals wieder, niemals wieder
Ich will das nicht
auch nicht für dich

Der Hall von zersplitterndem Glas

Ich stehe extra ganz weit hinten
damit sie mich nicht sehen kann
Denn selbst nach Jahren Abstinenz
fängt alles schnell von vorne an

Das Licht-Stakkato blendend hell
der Lärm gefiltert, Schutz gefunden
Zwangsweise zu ihr geblickt
Die Augen reißen alte Wunden

Doch sagen Herz und auch Verstand
dass da nichts ist und nie mehr wird
Noch hallt der Klang, wie Glas zersplittert
Es dauert lang, bis er erstirbt

Nirgendwo

Es ist voll, jeder und alles versperrt den Weg
erdrückt, geschoben und voller Blicke
Die Stadt lässt mich nicht atmen
Es sind zu viele, es sind zu viele

Also raus auf's Land, wo die Langeweile wohnt
mit einer Stunde Fahrt für hundert Gramm Welt
Wo das Angebot sich nicht verausgabt
und die Blicke weniger, aber bohrender sind

Dazwischen liegt die Illusion
von Freiheit mit Kultur
mit innerer Ruhe und allem Drum und Dran
Gibt keinen Ort, an dem ich sein will
Das Leben bleibt ein Kompromiss

Blicke

Ab und zu, da schaue ich
gerichtet ist der Blick auf dich
Manchmal schaust du auch zurück
und lächelst einen Augenblick
In dem Moment die Sonne funkelt
Dann schaust du weg
und es wird dunkel

Und wir wurden eins

Ich träumte von Planeten
im weiten Raum verstreut
Meine Welt verlassen
hab es nie bereut

Ich reiste zu den Sternen
durch kalte Dunkelheit
Traf ab und an ein Licht
doch war noch nicht so weit

Mehr wollte ich sehen
der Welten gar zuhauf
Ihr Kreisen in Unendlichkeit
und der Kometen Lauf

Wo Galaxien sich geboren
und Explosionen schienen
In wallend Licht sie sich ergossen
gezwungen, sich zu lieben

Die Ewigkeit als Wimpernschlag
Vergänglichkeit des Seins
Die Zeit ward nun bedeutungslos
doch war sie nun auch meins

Und alsbald sie verschwunden war
ich gleitete hinfort
Sah alles, nichts im Überfluss
ein sorgenfreier Ort

Der Kurs war nicht vorherbestimmt
ich lenkte auf ihn ein
Geradeaus, mit Zuversicht
die Zeit war wirklich mein

In rasender Geschwindigkeit
durch Raum und durch die Stille
bot sich ein Gedanke feil
und wurd der eine Wille

Die Nebel zu durchqueren
zu fühlen Staub und Eis
auf eine Sonne zu
es wurd unendlich heiß

Das Licht so blendend hell
nahm durch mich seinen Lauf
Ich brannte kaltes Feuer
löste mich endlich auf

∞

In all den Stunden
an all den Tagen
stell ich mir
die gleichen Fragen

Dabei ist's gleich
dieses Warum
Werd's nie erfahren
sei es drum

Doch frag ich mich
wann fing es an
Was war ich nur
als es begann

War es ich selbst
wer war ich nur
als dann der Blick
brach aus der Spur

Es mir entglitt
ich wehrt mich nicht
Kein Laut entwich
aus dem Gesicht

das steinern blieb
der Hände gleich
Die Welt zerbrach
Ein Scherbenreich

So blickte ich
zu ihr hinauf
Auch sie stand still
im Zeitenlauf

Die Ruhe kehrte
langsam ein
Ein ruhiger Fluss
ich tauchte ein

Jetzt weiß ich wieder
wann es war
Es fängt gleich an
Wie wunderbar

Wellen II

Ich stehe an dem steinern Strand
in schwarzen Wellen Wasser tobt
und sehe still hinaus auf's Meer
Die Sonne prangt als ferne Scheibe
doch ihr Licht erhellt nichts
um mich herum nur Schwarz und Weiß

Steh hier seit einer Ewigkeit
vielleicht seit Anbeginn der Zeit
und seh das Wasser dort sich winden
hör es rauschen in den Winden

Die Steine unter baren Füßen
welche taub den Tag begrüßen
gleichsam wie es gestern war
gleichsam wie vor einem Jahr
und auch wie alle Zeit davor

Wie ich herkam weiß ich nicht
Schon immer zeigte mein Gesicht
auf's Meer hinaus in gleicher Sicht
so interessiert die Zeit mich nicht

Die Äonen als Sekunde
umgeben von dem schwarzen Grunde
auf dem ich stehe - reglos, still
ungefragt, ob ich das will

Die Sonne, sie bewegt sich nicht
das tat sie nie, solang ich denk
Um mich herum da ist kein Leben
nur die Wellen sich bewegen

Vor kurzem wurd ich mir bewusst
das ich hier steh seit langer Zeit
und seit mir der Gedanke kam
frag ich mich, wozu ich bin

Die Antwort, so es sie denn gibt
liegt nicht in dem, was ich hier sehe
nicht dort draußen in den Wellen
liegt in mir, so ich hier stehe

Seh ich dann in mich hinein
so sind da auch nur diese Wellen
Schmiegen sich an einen Stein
sich findet in der linken Brust

Die kleine helle Scheibe
dringt nicht durch all dies hindurch
und steht still wie ihr Pendant
und so begreife ich

dass alles was ich vor mir sehe
ein Abbild meines Innern ist
und dass sich dort nicht mehr bewegt
als das, was vor mir draußen ist

Nun da dies mein Bewusstsein ist
beginn ich einen Fuß zu heben
und setze einen Schritt nach vorn
Der Nächste folgt gleich ebenso

Langsam schreite ich voran
in Richtung Wellen, ewig lang
Die helle Scheibe gleichsam sinkt
mit jedem Schritt, den ich vollbringe

Angekommen an dem Ufer
trete ich ins Nass hinein
Das schwarze Wasser unablässig
meine Beine bald umspült

Kälte steigt in mir empor
sie dringt von außen nach innen
Ein altbekanntes Gefühl
wie es war, bevor die Zeit erschein

Ich spüre diese wieder laufen
und wate weiter, weiter rein
Bis zum Hals steht es mir nun
ich gehe weiter, hole nicht Luft

Mein letzter Blick, der über Wasser
sieht die Sonne dahinter verschwinden
und schon bin ich von ihr umgeben
von den nassen Dunkelheit

Ich schwebe von ihr fest umschlungen
die Augen offen, nichts erkennend
und bin dabei nur in mir selbst
ich schließe sie, beginn zu brennen

Schlagen Wellen, nur aus Feuer
lösen sich aus meiner Haut
durch das Meer und um die Welt
Es wird bald sein, der Morgen graut

Fassade

Morgens wird sie aufgebaut
in mühevoller Kleinarbeit
Wird meisterlich dran rumgefeilt
Pünktlich ist sie dann bereit
und bringt mich sicher durch den Tag

Nur ganz kurz nehm ich sie ab
wenn ich mal Zeit zum Atmen hab
Schließ die Augen für Sekunden
wünschte mir, es wären Stunden
Doch die Zeit, die hab ich nicht
Zieh sie hoch zum Rest der Schicht

Und dann ist deren Ende nah
Sie ist vorbei, werd mir gewahr
dass ich wieder der sein kann
der drunter steckt
Bis Morgen dann

Heilung

Es gab Probleme mit dem Herzen
dacht ich nach, begann's zu schmerzen
und damit sollte man nicht scherzen

Behandeln lassen wollt ich mich
dachte ich naiv und schlicht
doch so einfach war das nicht

Geht's um Herz, dann wird es eigen
Fehler gilt es zu vermeiden
bringt man es sonst nie zum Schweigen

Spezialisten sollten's richten
in mir Streitereien schlichten
gern wollt ich auf die verzichten

Die Prozedur, wie ich bald sah
war behaftet mit Gefahr
doch war's zu spät, ich lag schon da

So lange war'n die Augen zu
ich fühlte nichts, hatt meine Ruh
Gifte gab man mir dazu

Vielleicht sah ich so manche Träume
schritt in mir durch viele Räume
sah ums Herz genähte Säume

Gebaut sind sie aus den Gedanken
die sich um Gefühle ranken
bringen sie damit ins Wanken

Will auf mich sich übertragen
stapelt sich in tausend Lagen
nagt an mir mit steten Fragen

Zu lernen wie man damit lebt
und nicht nur Zweifel in sich hegt
Die Prüfung wurd nie abgelegt

Gefühlt verging die Ewigkeit
zum Aufwachen noch nicht bereit
doch gab man mir dazu Geleit

Sie haben dran herumgefeilt
und es wurd mir mitgeteilt:
Kann man nichts machen, bin geheilt

Entscheidungshilfe

Es fällt mir schwer
noch zu vertrauen
vor allem, wenn ich warten muss
Kannst du dich
nicht bald entscheiden
mach ich's für dich, für dich Schluss

Doch trotz alldem
ist mir's Gefühl
der Zerrissenheit bekannt
Mir ist das alles
gar nicht fremd
hab mich schon oft genug verrannt

Er treibt mich um
dieser Gedanke
Er sucht im Eifer aller Orten
Du weißt genau
was ich grad fühle
und willst dir dies zum Vorteil horten

So sehr mein Herz
auch an dir hängt
letzten Endes schlägt's in mir
Drum nimm ihn nur
und werde glücklich
Ich geh dann mal, ich gönn es dir

Es liegt an euch

Verbring die Zeit
auf einer Fähre
zwischen hier
und dorthinaus

Denkt an mich
und wie es wäre
eilt ich euch
dorthin voraus

Wär allein
für ein paar Stunden
kümmert mich
um meine Wunden

Kommt ihr dann
bald hinterher
wär ich wie neu
nicht mehr so leer

Und dies Gefühl
es wird sich rächen
Wenn ihr wollt
könnt ihr dann lächeln

Heute nicht

Bitte, bitte, frag mich nicht
es geht heut nicht, nein, geht heut nicht
Bitte, bitte, lass es doch
ich blute ja von gestern noch

Die Augen schmerzen, leiden Qual
zuviel des Lichts, der gleißend Strahl
Die Finger noch total verkrümmt
die Wucht war gar zu ungehemmt

Die Haut gerissen, off'ne Fetzen
hängen runter durch dein Hetzen
Haare halb schon abrasiert
die Übrigen mit Leim verschmiert

Getackert sind die Zehen stramm
dass ich sie nicht bewegen kann
Doch das Metall ist rostbefallen
die Farben dir so gut gefallen

Ein Muster prangt auf meiner Brust
du gabst es mir in purer Lust
Es fließt nun stet in Rot nach unten
vermischt sich dort zu etwas Buntem

Die Nieren sind nicht mehr vorhanden
meine Mitte sie umranden
welche dort nicht länger weilt
Mit Fleiß an mir herumgefeilt

Durch ein Loch in meinem Bauch
kroch dein Arm, dein Mund, dein Hauch
Hast gesagt, du willst mir geben
zweites, drittes, viertes Leben

Das eine Bein, das mir geblieben
ist zertrümmert durch dein Lieben
Bleiben Arme, abgebunden
Fingernägel, tief zerschunden

Das Ohr zur Hälfte eingerissen
wurd von deiner Gier zerschlissen
Von alten Narben übersät
es täglich mir doch besser geht

Ich wollt dir eine Freude machen
brachte dich auch kurz zum Lachen
doch verschwand es nach Sekunden
Güte hast du überwunden

Die Verbände sitzen fest
so fest, wie du sie an mir lässt
Halten mich noch schwach zusammen
und verdecken deine Schrammen

Bitte, bitte, frag mich nicht
es geht heut nicht, nein, geht heut nicht
Drum gib mir noch bis Morgen Zeit
so ich dann wieder bin bereit

Stationäres Eindämmern

Es riecht nach Vergangenheit
Die Gänge sind dunkel
die Luft ist alt
Sie sollen sich langsam daran gewöhnen

Ein fester Ablauf ist notwendig
jede Abweichung birgt Gefahren
Die Angst mutiert
die Angst gebiert
Und nachts sie dazu tanzen
in Zuckungen vergehen
in Träumen von einem Leben
das sie sich erträumten
Fast vorbei

Die Spritze ist Zuwendung genug
nicht die Schönheit kommt von innen
Jeder Wochentag zum Schlucken beschriftet
das Fenster die einseitige Kommunikation
Vergessen, dass sie vergessen wurden
und der Glaube erstarkt mit jedem Fristaufschub

Sie erkennen sich jeden Tag von neuem
jeden Anderen und auch sich selbst
vielleicht auch ohne Bewegung
Nur das Personal kontrolliert seine Flüssigkeiten
Es gibt keinen Dank
keine Weitergabe
keine Motivation
Sei gepriesen, kalter Hauch

Drinnen und draußen

Die Luft ist kühl und angereichert
mit der Erwartung des letzten Tages
Der Nebel zieht im Untergrund
und die Sonne liegt uns zu Füßen

Als hätte ich schon hier gelebt
vor aller Zeit und Raum
In Wahrheit bin ich hier ganz neu
und bleib nicht lang, schau nur vorbei

Alles ist, wie es bleibt
so steht es geschrieben
Und am Ufer brennt ein Licht
Es leitet in die Irre

Wir steuern drauf zu
Eine Galaxie verglüht
Das Feuer zerfließt
Die Zeit bleibt stehen

Suchend

Ein Antrieb dampft maschinengleich
tief im Innern, alle Zeit
Und die Gedanken formen Wünsche
machen sich im Sehnen breit

Die Welt verspricht mir viel zu viel
und hält es doch nicht ein
Doch lasse ich mich gerne locken
von selbsterdachtem Schein
Ist vielleicht ein Missverständnis
will es nicht beschrei'n

Denn geh ich hin, zum lichten Schein
versprach mir großen Sinn
und kaum bin ich mal angekommen
zieht's mich schon woanders hin
Es scheint mir nie der richt'ge Ort
Bin niemals glücklich, wo ich bin

Wenn du wüsstest

Wenn du wüsstest, was ich denke
fühle, wünsche und ersehnte
Würde ich dein Herz erobern
wenn ich es vor dir erwähnte?

Diese Frage stell ich mir
des Öfteren in letzter Zeit
Doch dir all dies zu eröffnen
dafür bin ich nicht bereit

Ich fürchte, solltest du es wissen
alles sich verändern würde
Nicht zum Guten, das ist klar
denn sonst säh ich keine Hürde

Das Abwägen ist hier geboten
es reißt im Innern hin und her
zwischen Sehnen und Vernunft
Rationalität fällt schwer

Ist es besser, so zu darben
ohne Angst vor dem Verlust
oder's offen auszusprechen
Gefahr für's Innere der Brust

Des Feigen Hohn schreit durch die Nacht
und tritt mich froh und heiter
Mir ist klar, wohin es läuft
wie dem Blitz bleibt nur der Leiter
und in heißer Luft verglüht
Ich halt die Klappe, schmachte weiter

Nochmal gut gegangen

Kurz gesagt: Ich hab's verloren
grade war es doch noch da
Hab es in der Hand gehalten
wo ich's eben ja auch sah

Nun ist's weg, wo ist es hin?
Muss hier doch irgendwo sein
Einfach kurz nicht aufgepasst
ist nicht da, das Dingsbums mein

Hey, was liegt da unterm Schrank?
Heureka, da ist es ja
Hätt ich es nicht mehr gefunden
wär ich sicher nicht mehr da

Glück

Das Glücklichsein ist so 'ne Sache
viele streben wohl danach
Doch ist's das Streben auf den Wegen
das was endet oft in Schmach

Man kann sich darum auch mal fragen
ob's die Mühe denn ist Wert
und ob man je zufrieden ist
Genügsamkeit es mich nicht lehrt

Es ist ein Traum, der stets vor Augen
und verwirklicht wird er nicht
Doch muss das vielleicht auch nicht sein
so denk ich mir ganz einfach, schlicht

dass so, wie's im Moment gar ist
noch schlechter gehen könnt
Drum lauf ich ihm nicht hinterher
sei lieber Ruh als Glück vergönnt

Flüchtigkeit

Ein Teil von mir
liegt neben mir
und hinter mir
liegt hier vor mir

Ein Teil von mir
liegt neben dir
Er wohnt in dir
und fehlt nun mir

Ein Teil von dir
schläft nun in mir
Er bleibt bei mir
und fehlt in dir

Es gleicht sich aus
gleicht sich nicht aus
Will nur noch raus
bricht aus uns raus

Wie auch Du, ich leide
für alle nur wir beide
Wir sind ein und dasselbe
Jeder für sich

Die Sekunde

Es gab mal eine Sekunde
in der war alles ruhig
Niemand sprach ein Wort
Nichts verursachte ein Geräusch
Als ob das Leben still stand
auf der gesamten Welt
in dieser kurzen Zeit

Kein Wind ward vernommen
es fiel nichts hinunter
Niemand schrie und klagte
Kein Mensch lachte oder weinte
Kein Auto bewegte sich
Keine Tür schlug zu

Auf keinem Planeten
in der Unendlichkeit
war etwas zu hören
Kein Asteroid schlug ein
keine Galaxien kollidierten
Es passierte einfach nichts
Eine ganze Sekunde lang

War wohl ein Versehen

Parasiten

Berieseln lassen kann ich mich
damit ich nur nicht denken muss
An das, was mich zu lang verfolgt
Wann ist denn nur damit Schluss?

Ich will's nicht mehr
ertrag das nicht
Es treibt mir Tränen
ins Gesicht

Keine Lust mehr, mich zu wehren
und hab mich ihnen schon ergeben
Dass die Gedanken mal verstummen
werd ich nimmermehr erleben

Haut endlich ab
ich will euch nicht
Sonst alles
auseinanderbricht

Konsequenz

Wer es tut, der weiß es auch
ist vertraut mit dem Gebrauch
Die Folgen man doch nicht bedenkt
und blind in das Verderben lenkt
So kommt es vor, dass tönt Gesang
und Lachen selbst im Untergang
Kurz darauf kehrt Stille ein
und die Vernunft, sie lächelt fein

Schau mal

Schau mal her
wie ich traurig in die Gegend schau
Ich mach das doch nur für dich
um es dir zu zeigen

Was du angerichtet hast
und du siehst nicht mal her
Ich mach das doch nicht zum Spaß
Ich mach das nur für dich

Und du reagierst nicht mal darauf
dabei gebe ich mir soviel Mühe
Hab das richtig geübt
und das ist der Dank dafür?

Langsam hab ich keine Lust mehr darauf
Ist es dir halt egal
Meinetwegen
Dann kann ich ja wieder fröhlich sein
Ach Mist
Hab vergessen, wie das geht

Gesproch.ende

Und sie erklärten uns den Krieg ich noch ein Stück Kuchen kann man nie genug haben Sie schon mal daran dachte ich auch geradeaus geht es nicht weiter kann ich das nicht erklären Sie mir doch bitte lass das bleiben wir doch einfach hier komme ich nie wieder hin und wieder kann es sein Sie doch nicht so kann man das auch sehen Sie es doch endlich einmal möchte ich dabei seine Tür stand offen gesagt kann ich mich nicht daran erinnern wir uns doch gemeinsam schaffen wir das ist doch jetzt nicht ernsthaft kannst du später immer noch mal brauch ich das nicht können oder wollen ist die Frage ihn doch einfach mal danach weiß man es immer besser jetzt nicht so laut der Anleitung muss das passen sie doch nur einmal auf der Lauer liegen macht manchmal Spaß kenne ich nur aus der Theorie und Praxis sind zwei Paar Schuhe kauft man nicht oft findet man kein Ende.

Glashaus

Mit Steinen soll man ja nicht schmeißen
sitzt man in dem Glashaus drin
Braucht man's Glashaus nimmermehr
ist es nur noch halb so schlimm

Alle Zeit

Ich hatte alle Zeit der Welt
zu sagen, was mir nicht gefällt
Es ist dafür zwar nicht zu spät
doch alles sich in Bahnen dreht
In großen Teilen festgefahren
wie sie wohl schon immer waren

Manchmal bilde ich mir ein
es könnte Manches anders sein
müsste nur den Schritt mal wagen
doch bremst mich an meisten Tagen
die immanente Lethargie
Ergeb mich ihrer Energie

Verhindert wird die Änderung
nur von mir selbst und eben drum
drehe ich mich nur im Kreis
und zahle einen hohen Preis
Doch wie's mit Stillstand sich verhält
so hab ich alle Zeit der Welt

Wissenslücke

Manchmal, losgelöst vom Ort
fehlt mir gar das passend Wort
Zu beschreiben, was ich fühle
Ganz egal, wie ich auch wühle

Spür ich manchmal   in mir
oder auch so
Zwischen   und
springt's umher, vor und zurück

Kann mich auch mal nicht entscheiden
bin ich   oder
          gibt's auch mal
oder einfach nur

Sie existieren, diese Zeiten
woll'n mich nicht als Wort begleiten
Der Zustand unbeschrieben bleibt
Unbenennbar, tut mir leid

Unveränderlich

Bist du kurze Zeit nicht da
fühle ich, als fehlt mir was
Vermissen wär ein Wort dafür
Einfach, dass es nicht mehr passt

Das Leben scheint mir dann verschoben
läuft nicht mehr in seinen Bahnen
dass ich dann kein Ganzes bin
kann ich mehr als nur erahnen

Doch das Schlimmste kommt ja noch
sodenn für dieses schmachtend Schreiben
habe ich nichtmal das Recht
Darum sollte still ich bleiben

Denn von alldem weißt du nichts
hast keine Ahnung, keinen Schimmer
In deinem Geist sind wir nur Freunde
und so bleibt's wohl auch für immer

Spirale

Wieder einen Tag verloren
den ich hatte auserkoren
was Besonderes zu sein
War letzten Endes alles Schein
Ich glaube Morgen wieder dran
dann fängt der Spaß von vorne an

Sieh dir das an

Sieh in den Spiegel, sieh's dir an
siehst Du, ob da etwas dran
Sieh noch tiefer, siehst du dann
ob man daran was ändern kann
Ob's dann fängt von vorne an
ob sich's dreht so schnell es kann
es was fühlt und schreit und dann
ganz still und leis verschwinden kann

Fluch, Gabe, Wahrheit, Pflicht

Ich ziehe Worte, die du denkst
durch die Augen aus dem Kopf
Sag sie leise vor mich hin
dass du mir keinen Blick mehr schenkst

Werf dir eig'ne Sinne vor
Ekel greift um dich herum
Schau mich nicht so fragend an
Du warst es, die dieses schwor

Halt den Spiegel vor's Gesicht
und treib dasselbe Spiel mit mir
bekomme Angst, muss an mich halten
Fluch und Gabe, Wahrheit, Pflicht

Der Auf- und Niedergang vergessener Reize

Es ist schon eine Weile her
dass ich dich erstmals sah
Die Empathie wog noch nicht schwer
mein Herz war noch kaputt und leer
vom Gram im letzten Jahr

Der fließend Zeit ist's zu verdanken
man lernt sich besser kennen
Und mit ihr reifen die Gedanken
die sich mehrend um dich ranken
entfachen seichtes Brennen

Den Mut fand ich so lange nicht
nach Stunden dich zu fragen
Denn der Gedanke in mir schlicht
war *Warum sollt sie fühl'n wie ich?*
Ich traut's mich nicht zu sagen

Auf Monate lief es hinaus
ich schmachtete im Stillen
Bis eines Tages brach's heraus
ich kam aus meinem Schneckenhaus
bekundete den Willen

Und damit fing es langsam an
so es begann zu leben
Die Puzzleteile lagen dann
und fügten sich einander an
auf ungeseh'nen Wegen

Jedes Mal, wenn ich mit dir
ein wenig Zeit verbrachte
Es sollt nicht aufhör'n, wünscht ich mir
wollt jede Stunde mit dir hier
und dich so gern betrachte

Verschwunden war zwischen den Zeilen
wie schön kann es doch sein
mit jemandem die Zeit zu teilen
in Glück und Lachen zu verweilen
und deinem hellen Schein

Seit dieser Zeit verging ein Jahr
und so wie ich das sehe
ist noch jemand Andres da
durch deine Worte mir gewahr
Ich weiß nicht, wo ich stehe

Ließest du nur dein mich sein
es ist mein größtes Sehnen
Doch fällt das Glück dem nicht anheim
und schwinde ich aus deinem Schein
wär's altbekanntes Grämen

Und die Vernunft, sie zu mir spricht
geduldig sein und warten
Wie lang das gut geht, weiß ich nicht
verraten soll's nicht das Gesicht
noch überstürzte Taten

Die Angst geht um in meiner Brust
vor altbekanntem Niedergang
Mir fehlt heut jeglich derbe Lust
auf jahrelang erlebten Frust
Drum warte bitte nicht zu lang

Nie richtig

Gebt mir meine Einsamkeit
schrei ich, seh mich um
Merke, ich bin schon allein
und mecker trotzdem rum

Mischung

Wenn Wut und Trauer sich vermengen
Druck und Ziehen kollidieren
ein Komprimieren und Zerreißen
bleibt nur das Gefühl von Hilflosigkeit
Die rasende Lethargie

Ich habe es vor Augen und in mir
das eingesperrte Fliegen
den auftreibenden Absturz
Die Handlung gefesselter Hände
die Leere in wachen Augen

Die Welt bleibt rennend stehen
der Schmerz vor Größe nicht mehr spürbar
und die Ohnmacht hält mich wach
Die sekundenlange Ewigkeit
vergeht nicht, bevor sie beginnt

Vielleicht eine Ahnung

Was hinter einem Lächeln steckt
man ahnt es nicht
Was hinter einem Blicke sinnt
man sieht es nicht
Was hinter manchen Worten lauert
man hört es nicht
Was hinter einer Geste schleicht
man merkt es nicht
Was hinter der Berührung spürt
man fasst es nicht
Was hinter mir verborgen bleibt
ich weiß es nicht

Nur am meckern

Da häng ich also von der Decke
baumel fröhlich hin und her
Mann, das dauert aber lange
Bis zum Schluss ich mich beschwer

Fenster

Das Fenster ist ein schwarzes Loch
und draußen lauert Leere
Die Sonne scheint mir trügerisch
das Licht birgt in sich Schwere

Gehe nicht zu dicht heran
es saugt dich auf und drückt dich nieder
Um mich zu retten greif ich es
und schließ es einfach wieder

Masse

Die unbesonnene Masse
nickt ab, was ihr geschieht
Sie feiert, was sie nicht kennt
und hält sich für den Mittelpunkt

Sie bewegt sich, fällt
hilft sich auf und wähnt sich
im Moment verbunden und eins
Doch bleibend allein und selbst

Einsamkeit lebt in der Masse
Das Gefühl der Zugehörigkeit
ist nur eure Illusion
In zwei Minuten seid ihr Fremde

Letzte Worte

Steht ein Mann an einer Klippe
ist umringt von seiner Sippe
bei seiner Beerdigung
Sie stehen wartend drumherum

Die letzten Worte, voller Spannung
sind erwartet, voll der Wallung
Doch er steht nur schweigend da
und wird sich dieser Schuld gewahr

Sie warten gierig auf die Worte
drängen sich an diesem Orte
an der Klippe und den Winden
die sich unter Wolken finden

Mögen auf die Botschaft warten
Erleuchtung auf verschied'ne Arten
Sie wollen seinen Kern erkennen
ihre Neugier scheint zu brennen

Die Leute sind zu mancher Zeit
zum weitesten Weg auch bereit
Gibt es nämlich was zu erben
kommen sie, sich zu bewerben

So gehn sie einen Schritt hinzu
und geben ihm hier keine Ruh
Er beschließt, dass nun das Ende
für sich hier zum Frieden fände
stellt sich ruhig an diese Schwelle
Unter ihm endlos Gefälle

Er dreht den Kopf nochmals zur Seite
dass ein Satz alle befreite
Und so er springt, sie stehen leis
Auf ihren Mienen prangt das Eis

Die Gesichter wie aus Stahl
So er noch rief
»Ihr könnt mich mal!«

Schnauze voll

Es fühlt sich an, als sei's verkehrt
in Gegensätzlichkeit gefangen
Dabei sind's nur ein paar Schritte
könnte leicht zu dir gelangen

Doch die Entfernung, die mir schmerzt
gibt's nur in den Gedanken
Ich komm damit grad echt nicht klar
ein Wort, ich komm ins Wanken

Ich spiel dir einfach etwas vor
und geb zu, es ist feige
Die Illusion ist einfacher
die Wahrheit hier mal schweige

Besser wird es so niemals
ist mir klar, hab ich gehört
Durch's Unterjochen der Gefühle
wird noch mehr zerstört

Na gut, dann eben andersrum
ich fress es nicht hinein
Vielleicht lass ich ein bisschen was
nach außen hin erscheinen

Dann lass uns doch mal kindisch sein
und trotzig, wütend, offen
Weil mir grade danach ist
es bleibt ja nichts zu hoffen

Es kotzt mich an, dass es nicht lief
wie's hätte, können, sollte
Man hat mein Förmchen mir geklaut
mit dem ich spielen wollte

Da kann man schon mal pampig werden
die Vernunft auf Reisen
Anstatt es so zu akzeptieren
erwachsen soll das heißen

Ist nicht, geht nicht, bin ich nicht
ich hör dich doch noch lachen
Ach wie schön, der Andere
er sagt so tolle Sachen

Verbitterung wird stets genährt
versagt, mich zu erwehren
Doch sollte ich's, wurd mir gesagt
bei aller Wut in Ehren

Na gut, ok, dann mach ich's halt
ich lächle und ich lache
und red belanglos-freundlich Zeug
verbieg mich für die Sache

Hach, wie schön, nach außen hin
ist alles wie zuvor
Wie's innen aussieht? Scheißegal
Was kümmert's dich überhaupt?
Wäh, wäh, wäh...
Fertig

Rennen

Ich sehe, wie die Zeit verrinnt
sie sich selber weiterspinnt
Nicht drauf achtet, was ich mache
ob ich weine oder lache

Unbeeindruckt gibt sie sich
den Weltenlauf, sie fühlt ihn nicht
Auf ihre kalte, eig'ne Weise
zieht sie weiter ihre Kreise

Ob sie mir was sagen wollte
ich da was begreifen sollte
weiß ich nicht, ist einerlei
Das Leben rennt, dann ist's vorbei

Eine Wahrheit

Was habe ich denn nur gemacht?
Hatt ich mir so nicht ausgedacht
Alles in Asche, ist verbrannt
hast du das noch nicht erkannt?
Ich sitze nun vor dem Gericht
der Richterspruch obliegt mir nicht

Denn mein Herz spricht nicht die Wahrheit

Es war ein Spiel, für dich ein Spaß
für mich bedeutend, leider war's
Ich spielte mit, du spieltest fein
und warst geübt in Trügerei'n
Geraubt Verstand und meiner Sinn
gab ich mich deiner blindlings hin

Denn dein Herz sprach nicht die Wahrheit

Ich spielte mit, du spieltest fein
Zu spät begriff ich, sah es ein
dass ich das Spiel gar selber war
doch blieb ich still trotz der Gefahr
Das Feuer brannte, schien so weit
war für die Einsicht nicht bereit

Denn mein Herz will nicht die Wahrheit
Will sie nicht hören
Will nicht

Am Puls der Welt

Herzen schlagen immer wieder
manchmal langsamer, manchmal schneller
Milliarden pochen auf der Erde
Irgendwo ist immer Tag
irgendwo ist immer Nacht
denkt man sich mal, wie das wäre

dass jeder Schlag, den's Eigene tut
mit einem anderen gleichzeitig ausgeführt wird
Immer mit jemand Anderem
wieder mit jemand Gleichem
Danach driften sie wieder auseinander

Für einen Herzschlag sind wir verbunden
über alle Grenzen hinweg
über die ganze Welt hinweg
Eines hört auf, eines beginnt von vorne

Wollen und Müssen

Was ich schreib
ist aus Erfahrung
fußt auf der Erinnerung

Oder ist
gerad passiert
schreib ich halt mal drum herum

Will man's lesen?
Was weiß ich
basiert auf freiem Willen

Muss ich's schreiben?
Ja, ich muss
Es spart mir ein paar Pillen

Nichts Passendes

Einfach mal hier hingesetzt
zum Schreiben über was?
Ich weiß es nicht, mir fällt nichts ein
das macht so keinen Spaß

Es ist dabei gerad nicht so
als wär mir nicht danach
Ich kann's nur nicht in Worte fassen
was in mir entfacht

Alle Worte, die ich kenne
treffen hier nicht zu
Ich weiß nicht, wie ich's sagen soll
und gebe deshalb Ruh

Ende

Ich sag Adieu, die Zeit ist um
sie war nicht wirklich schön
Doch ist daran ja niemand schuld
kein Streit, ich will nur gehn

Denkt euch nicht zu viel dabei
es sieht ja schlimmer aus
Von Ferne zieht ein Sturm herauf
so geht nun schnell nach Haus

Ich muss alles zu Ende bringen
dies Kapitel schließen
Doch werden wir uns wiedersehn
wo Zeit und Raum zerfließen

SEBASTIAN MUSHACK

EINZEL TEILE

Auch erhältlich: »Einzelteile«

ISBN 978-3-8482-1672-7